Schalten über WLAN mit ESP8266

Schalten über WLAN mit ESP8266

Jörg Bischof, DM6RAC

Das vorliegende Werk ist urheberrechtlich geschützt.

Alle Rechte vorbehalten – einschließlich das Recht der Übersetzung, Reproduktion, Vervielfältigung jeglicher Art und Speicherung in elektronischen Medien.

Die im Buch verwendeten Soft- und Hardwarebezeichnungen, Markennamen und Produktbezeichnungen sind Eigentum der betreffenden Unternehmen.

Im Text wird die Form des generischen Maskulinums genutzt. Dieses soll keinesfalls eine herabwürdigende oder diskriminierende Art und Weise jeglichen bestehenden, gefühlten oder gewollten natürlichen oder unnatürlichen Geschlechts darstellen, sondern dem Lesefluss durch die natürlichen Sprache dienen.

Die Inhalte dieses Buches wurden mit großer Sorgfalt erstellt. Trotzdem kann der Autor keine Garantie für die Richtigkeit, Aktualität und Vollständigkeit der Inhalte übernehmen. Er haftet nicht für Schäden, die sich aus der Nutzung der hier angebotenen Informationen entstehen könnten. Die im Buch erstellte Software ist lizensiert unter EUPL.

Copyright © 2023 Jörg Bischof
Alle Rechte vorbehalten

ISBN: 9798371113924

Imprint: Independently published

0 Inhaltsverzeichnis

1	Einleitung	6
2	Hardware	8
2.1	Antennenumschalter	8
2.2	Schalterbetrieb mit Transistoren	10
3	HTTP, HTML, CSS	18
3.1	HTTP	18
3.2	HTML	20
3.2.1	Grundgerüst	21
3.2.2	Überschriften, Absätze, Blockelemente	22
3.2.3	Links und Buttons	23
3.3	CSS	25
3.3.1	Maßeinheiten	26
3.3.2	Schriftarten definieren	27
3.3.3	Farben	28
3.3.4	Klassen und IDs	29
3.3.5	Box-Modell	30
4	Software	34
4.1	Einrichtung der Arduino IDE	34
4.2	Flashen des ESP8266	37
4.3	ESP8266 als WLAN-Schalter	39
5	Schlussbemerkungen	47
6	Literaturhinweise	49

1 Einleitung

Ich bin ja Funkamateur mit der Amateurfunkzeugnis der Klasse A. Um am Amateurfunkdienst teilzunehmen benötigt man, neben Empfänger und Sender, natürlich auch Antennen.

Oft auch mehr als nur eine (abhängig von den Eigenschaften der Antennen). Aber seine Geräte schließt man in der Regel immer nur an eine spezielle Antenne an. Wenn man eine andere nehmen möchte, muss man die Antennenzuleitung abschrauben und die anderen anschrauben. Um das zu umgehen, kam ich auf die Idee eines Antennenumschalters. Nach einigen Suchen im Internet wurde ich auf eine Platine für Antennenumschalter von OK2ZI bei eBay fündig.

Ich kaufte die Platine und besorgte mir die Bauteile dafür. Es wurde zusammengebaut und ausprobiert. Als Spannungsquelle benötigt man 12 V mit recht geringen Ansprüchen an die Genauigkeit. Die Relais schalteten wie gewünscht. Die Ansteuerung kann mit einem Drehschalter und fünf Zuleitungen (vier für die Antennenrelais, einer für Masse) erfolgen. Das Ganze in ein schönes Gehäuse, das irgendwo fest angeschraubt wird, damit der Drehschalter es nicht bewegt – fertig.

Aber selten ist der ambitionierte Elektroniker oder Programmierer auch ein begabter Mechaniker. Mir schien das alles zu aufwändig. Der Umschalter landete dann letztendlich im Regal und blieb da erst einmal liegen.

Als ich mich dann später mit dem ESP8266 beschäftigte und feststellte, dass er schön über WLAN kommunizieren kann und HTML und CSS für mich auch kein Hexenwerk sind, wurde das Projekt wieder interessant. Ziel wurde es, die Antennen über eine Browseroberfläche vom PC oder Handy aus zu steuern.

So entstand dieses Projekt. Mit den erläuterten Lösungsansätzen können nicht nur Antennenumschalter betätigt werden. Man kann es für jegliche Schaltaufgaben über WLAN verwenden.

Hardware

2 Hardware

2.1 Antennenumschalter

Die Schaltung ist nichts Ungewöhnliches. Nur der Überspannungsschutz an den Relais mit Freilaufdiode und zusätzlich auch noch Varistor ist so etwas wie Hosenträger und Gürtel.

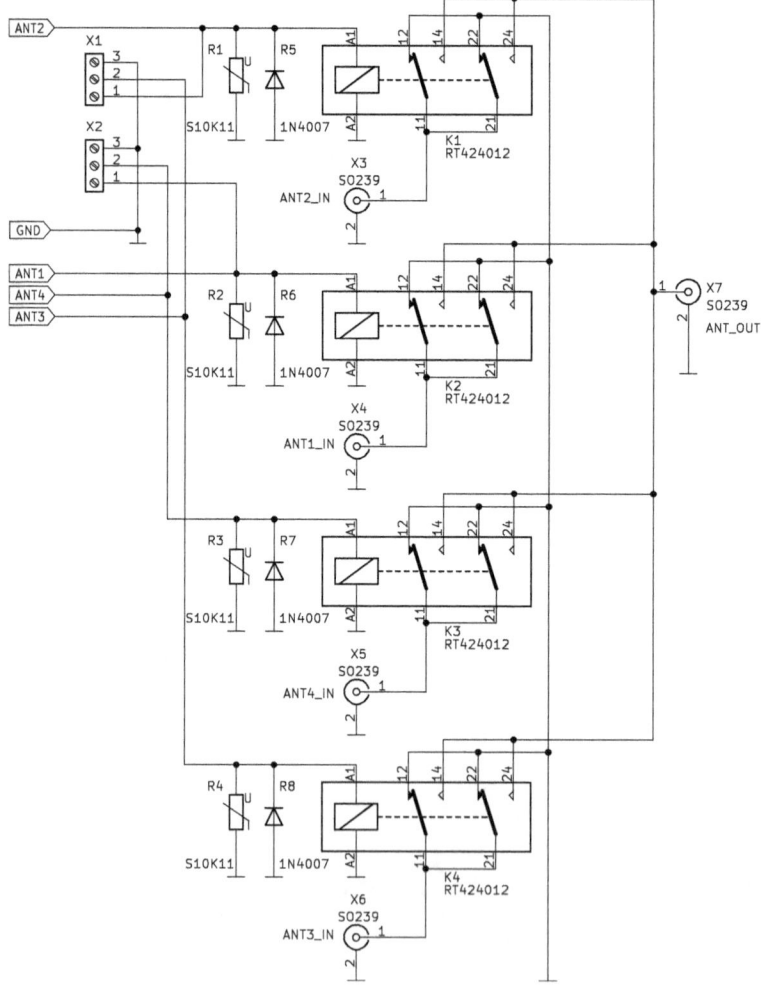

Abb. 1: Schaltung des Umschalters von OK2ZI [1]

Für das Schalten mit Spannungen über einen Umschalter ist die gemeinsame Masse ideal. Wie wir aber später sehen werden, ist es mit Transistoren doch nicht so gut.

Abb. 2: Switch von oben

Abb. 3: Switch von unten

Die Platine des Switch hat die Abmessungen von 98 mm * 98 mm. Die aufzubauende Steuerung soll die selben Abmessungen haben, damit sie, über Abstandstücke, unter den Umschalter gebaut werden kann.

2.2 Schalterbetrieb mit Transistoren

Der ESP8266 arbeitet mit einer Betriebsspannung von 3,3 V und die Relais mit 12 V. Hier ist also eine Ansteuerung mit einer Schaltstufe notwendig. Diese kann mit bipolaren (Sperrschichttransistoren) oder unipolaren Transistoren (Feldeffekttransistoren realisiert werden. Bei den unipolaren Transistoren sind die MOSFET *(Metal Oxide Semiconductor Field Effect Transistor)* interessant. Hier gibt es zwei verschiedene Typen:

- Verarmungstypen (depletion: selbstleitend)
  bei einer Spannung $U_{GS} = 0\,V$ leiten sie bereits

- Anreicherungstypen (enhancement: selbstsperrend)
  bei einer Spannung $U_{GS} = 0\,V$ sind sie gesperrt

Für den Schalterbetrieb wird eigentlich nur der Anreicherungstyp verwendet. Wie bei den bipolaren Transistoren gibt es hier auch bei jedem Typ p-Kanal- und n-Kanal-Transistoren.

Der Unterschied zwischen bipolaren und unipolaren Transistoren ist die Art der Ansteuerung:

- bipolare Transistoren
  Steuerung des Kollektorstromes über Änderung des Basisstromes

- unipolare Transistoren
  Steuerung des Drainstromes über Änderung der Gatespannung

p-Kanal   n-Kanal   p-Kanal   n-Kanal
Verarmungstyp   Anreicherungstyp

Abb. 4: Schaltzeichen der MOSFET-Typen

Auf Grund des Aufbaus vom MOSFET (das Gate ist durch eine Schicht Siliziumdioxid vom n- bzw. p-Kanal getrennt) besitzt er einen sehr hohen Eingangswiderstand. Dadurch können vor allem statische Spannungen nicht abgeleitet werden. Statische Spannungen können durch Reibung isolierender Stoffe (Kleidung mit Kunstfaseranteil usw.) erzeugt werden (beim Kämmen von Haare kann schon mal eine Spannung von 5000 V entstehen). Dadurch kann es zu einem Spannungsdurchschlag am Gate kommen und der Transistor ist zerstört. Oft ist zwar ein Gateschutz integriert, man sollte aber trotzdem dafür sorgen, dass statische Aufladungen beseitigt werden, wenn man die Bauteile berührt. Das kann beispielsweise durch berühren von geerdeten Teilen erfolgen. Man muss nicht zu viel Angst haben, aber etwas Vorsicht schadet nicht. Ich selbst habe (glaube ich zumindest) noch keinen Transistor auf diese Weise in den „Halbleiterhimmel" geschickt.

Von den Kennlinien interessieren uns die Ausgangskennlinie. Das Aussehen der Kennlinien ist für bipolare Transistoren und Anreicherungs-MOSFET prinzipiell gleich. Der Unterschied der Werte ist:

	x-Achse	y-Achse	Parameter
bipolar	UCE	I_C	I_B
unipolar	UGS	I_D	U_{GS}

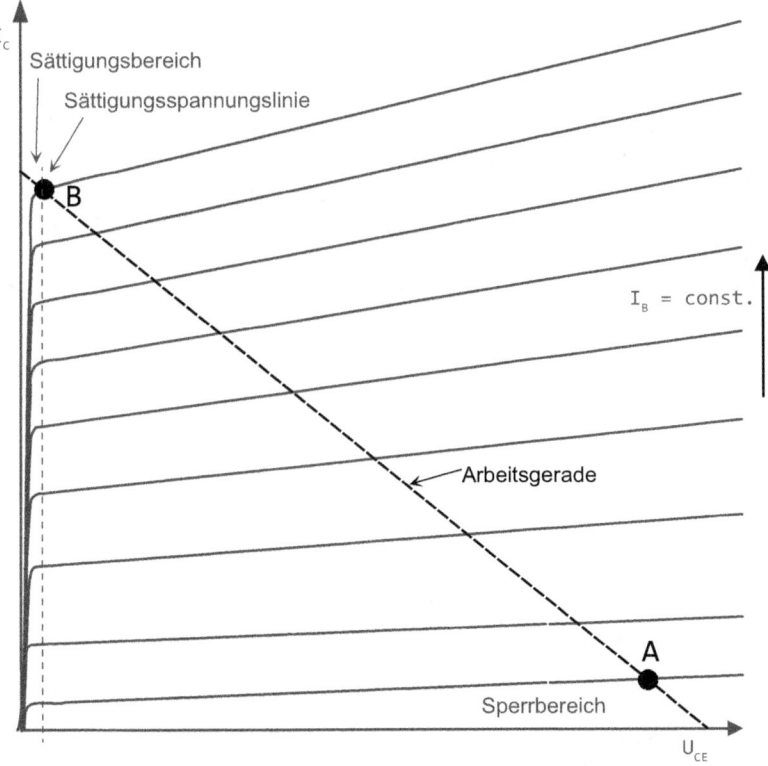

Abb. 5: Ausgangskennlinienfeld eines bipolaren Transistors

Für MOSFET kann das obere Kennlinienfeld auch genommen werden, wenn die Achsen- und Parameter-Bezeichnungen entsprechend geändert werden.

12 Hardware

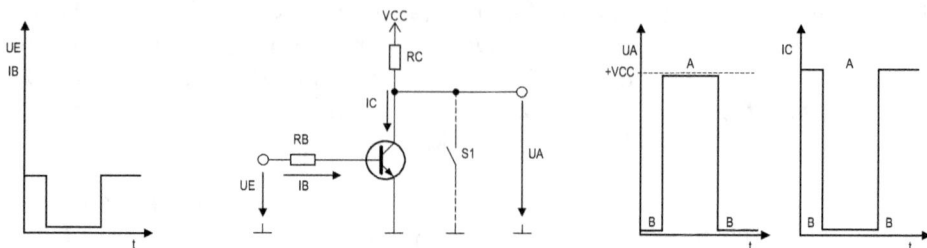

Abb. 6: Schalterbetrieb mit bipolaren Transistoren

Wie man am Ausgangskennlinienfeld sehen kann, gibt es zwei Schaltpunkte:

- Punkt A: hohe Spannung U_{CE}, kleiner Strom I_C
- Punkt B: kleine Spannung U_{CE}, hoher Strom I_C

In der Abb. 6 ist das Ganze noch einmal dargestellt. Der Transistor stellt im Prinzip einen Schalter dar. S1 soll das demonstrieren. Auch im durchgeschalteten Zustand fällt über dem Transistor noch eine gewisse Spannung ab. Diese liegt in der Größenordnung von 0,1 bis 1 V (abhängig vom Kollektorstrom und Typ des Transistors). In den Datenblättern findet man den Wert unter U_{CEsat}. Der Basisstrom I_B hängt von der Eingangsspannung und dem Basisvorwiderstand R_B in der Abb. 6 ab.

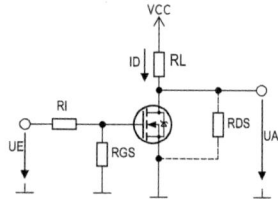

Abb. 7: Schalterbetrieb mit n-Kanal-MOSFET (Low-Side-Switching)

Bei MOSFETs verhält es sich ähnlich wie bei den bipolaren Transistoren. Nur wird hier nicht mit Basisstrom, sondern Gatespannung gesteuert. Der Widerstand R_{GS} ist prinzipiell nicht notwendig. Er sorgt hier bei offenem Eingang dafür, dass das Gate sicher auf Massepotential (also 0 V) liegt. Da der Eingangswiderstand des MOSFET extrem hoch ist, können sich Spannungen, die sich allein durch Felder in der Luft aufbauen, nicht ableiten. Es treten dadurch undefinierte Zustände auf. Deshalb muss man immer dafür sorgen, dass am Gate ein definierter Spannungszustand herrscht. Entweder er wird durch einen

Ausgang, der das Gate ansteuert vorher erreicht oder durch eben so einen Widerstand. Der Wert dieses Widerstandes kann ruhig hoch sein (im oberen Kiloohm-Bereich). Der Widerstand R_i erscheint auf erstem Blick ebenso als überflüssig – wir steuern ja einen hochohmigen Eingang über eine Spannung. Aber eben hier liegt auch das Problem. Wenn dieser Eingang niederohmig angesteuert wird, kann die Gate-Source-Kapazität sich auswirken und Schwingungen erzeugen. Dem wirkt der Widerstand entgegen. Man muss nur aufpassen, dass er bei hochfrequenten Schaltungen nicht zu groß gewählt wird, da er sonst mit der Gate-Source-Kapazität als Tiefpass wirkt.

Der Widerstand R_{DS} ist kein Bauelement, sondern soll den Drain-Source-Widerstand darstellen, der im durchgeschalteten Zustand vorhanden ist. Dieser ist abhängig vom jeweiligen Typ und liegt bei n-Kanal-MOSFET in der Regel im mΩ-Bereich.

Wenn wir uns die Schaltung in Abb. 1 ansehen, sehen wir, dass wir ein kleines Problem haben: die Relais werden nicht gegen Masse (*Low-Side-Switching*), sondern gegen die Betriebsspannung von +12 V geschaltet (*High-Side-Switching*). Sie einfach an die Source anzuschließen geht nicht: die Steuerung erfolgt ja über U_{GS} und das Source-Potential würde durch den Relaiswiderstand angehoben werden.

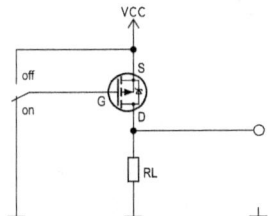

Abb. 8: Schalterbetrieb mit p-Kanal-MOSFET (High-Side-Switching)

Wenn jetzt am Gate Massepotential anliegt, ist es als U_{GS} = -VCC und der Transistor schaltet durch. Bei Schalterstellung off ist das Potential am Gate 0 V und demzufolge schaltet er ab. Die Verwendung von p-Kanal-MOSFET stößt aber auf eine kleine Schwierigkeit: n-Kanal-MOSFET mit kleinen R_{DS}-Widerständen herzustellen ist nicht weiter kompliziert, bei p-Kanal-MOSFET ist das schon anders. Die Auswahl ist relativ klein. Hier ein paar mögliche Transistoren:

- BS250: 10 Ω
- IRF7425: 13 mΩ
- IRLML2244TRPbF: 54 mΩ
- IRPML5401PbF: 50 mΩ

14 Hardware

Wenn wir jetzt statt RL das Relais nehmen, haben wir das, was wir benötigen: wir schalten das Relais gegen die Betriebsspannung. Als Betriebsspannung der Relais wird +12 V benötigt. Der ESP8266 hat aber nur eine Betriebsspannung von 3,3 V und demzufolge auch nur einen HIGH-Pegel in Höhe der Betriebsspannung. Um eine sichere Potentialtrennung zu erreichen und die Ansteuerung der MOSFET sicherzustellen, bietet sich ein Optokoppler an.

Bei einem Optokoppler steuert eine Leuchtdiode ein lichtempfindlichen Bauelement (hier: Phototransistor) an. Beide sind voneinander getrennt. Daher können so ganz einfach unterschiedliche Potentiale getrennt werden.

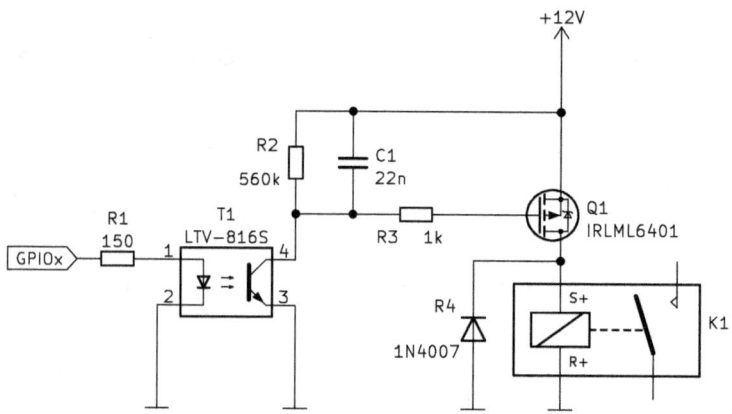

Abb. 9: Steuerung des p-Kanal-MOSFET mittels Optokoppler

Der Phototransistor arbeitet im Schalterbetrieb und schaltet das Gate entweder auf +12 V oder Masse. Im Drainkreis liegt das Relais und die Diode schützt den Transistor vor Überspannungen durch die Selbstinduktion des Relais beim abschalten.

Als Stromversorgung wird ein kleiner Print-Transformator für 12 V benutzt. Aus der Sekundärspannung werden die +12 V für die Relais und die 3,3 V für den Controller abgeleitet. Die Verwendung von Spannungsreglern im TO220-Gehäuse ist vielleicht etwas überdimensioniert. Ich hatte sie einfach herumzuliegen und deshalb genommen.

Die Brücke X3 dient der Programmierung des Controllers im eingebauten Zustand. Ich selbst ziehe es vor, den Controller mit einem Programmieradapter außerhalb der Platine zu programmieren und ihn danach erst einzulöten.

X2 ist die Verbindung zu einen USB-Seriell-Adapter, den man zum Programmieren im eingebauten Zustand verwendet.

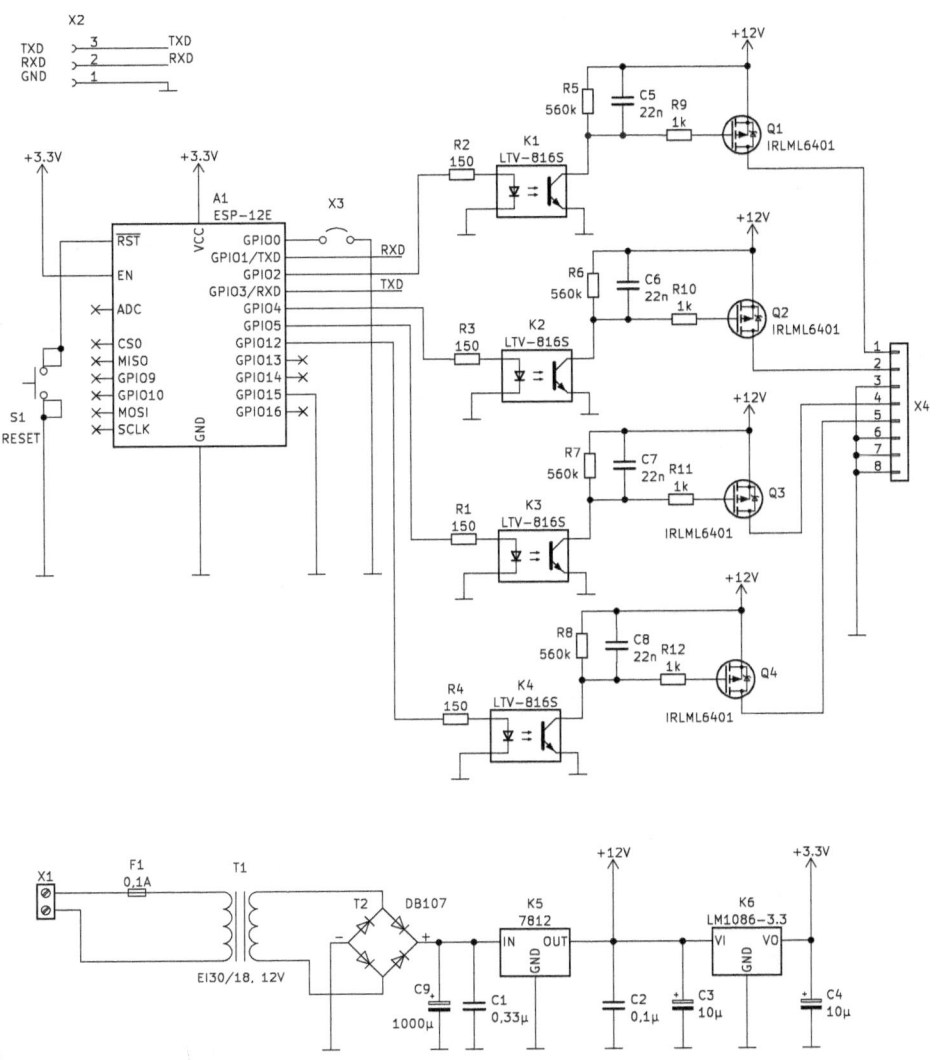

Abb. 10: Schaltung des WLAN-Schalters

Ala Bauelemente werden hauptsächlich SMD-Bauelemente verwendet. Aber in der Bauform von mindestens 1206 sind diese gut von Hand zu verarbeiten.

Hardware

HTTP, HTML, CSS

3 HTTP, HTML, CSS

3.1 HTTP

Die Kommunikation zwischen dem Browser (auf dem PC oder Handy) und dem ESP8266 erfolgt über das *HTTP-Protokoll*. Der ESP8266 ist in diesem Fall der Webserver. Um ihn eindeutig zu identifizieren, benötigt er eine *IP-Adresse*, über die er dann durch den Browser angesprochen werden kann. Eine IP-Adresse ist eine einmalig und eindeutig Vergebene Adresse.

Da es nicht unendlich viele IP-Adressen gibt und demzufolge nicht jedes Gerät im Internet eine eigene IP-Adresse bekommen kann, gibt es sogenannte private IP-Adressbereiche. Diese gelten nur lokal und werden nicht in das Internet geroutet. Daher können sie für beliebig viele lokale Netzwerke vergeben werden. Da wir uns in unseren lokalen WLAN-Netzwerk bewegen, vergibt der WLAN-Router die IP-Adressen in diesem Netz. Das lokale Netz ist ein IPv4-Netz der Klasse C mit privaten IP-Adressbereich. Die FRITZ!Box vergibt beispielsweise den Adressbereich 192.168.178.0 bis 192.168.178.255. Dabei ist die erste Adresse die Adresse des Netzwerkes selber und die letzte Adresse sogenannte *Broadcast-Adresse* („Rundspruch-Adresse"). Da der WLAN-Router selbst auch eine Adresse benötigt, erhält er in diesem Fall die Adresse 192.168.178.1. Andere WLAN-Router können auch andere Adressbereiche innerhalb der privaten Adressbereiche 192.168.x.x bekommen (beispielsweise 192.168.1.x). Das muss man in den Unterlagen des Routers nachsehen.

Die Zuordnung der IP-Adresse zu dem eigentlichen Netzwerkgerät erfolgt über die sogenannte *MAC-Adresse* (MAC: *Medium Access Control*). Diese Adresse wird vom Hersteller für jedes Netzwerkgerät (in unserem Falle den ESP8266) vergeben. Diese Adresse ist praktisch einmalig. Praktisch deshalb, weil es ja auch nicht unendlich viele Adressen gibt und die Hersteller, wenn das ihnen zur Verfügung stehende Adresspotential ausgeschöpft ist, beginnen, die Adressen nochmals zu vergeben. Aber die Chance, zwei Geräte mit der selben MAC-Adresse in einem Netzwerk zu haben, ist praktisch gleich Null.

Die MAC-Adresse besteht aus 48 Bit und wird üblicherweise in hexadezimaler Form in Zweierblöcken geschrieben. Z.B.:

```
0B:AF:00:20:EE:FB
```

Die Zuordnung IP-Adresse zur MAC-Adresse erfolgt im Router über eine Tabelle. Der Router vergibt neuen Geräten automatisch eine neue IP-Adresse. Im

WLAN-Router kann dann dem ESP8266 auch eine IP-Adresse fest zugeordnet werden:

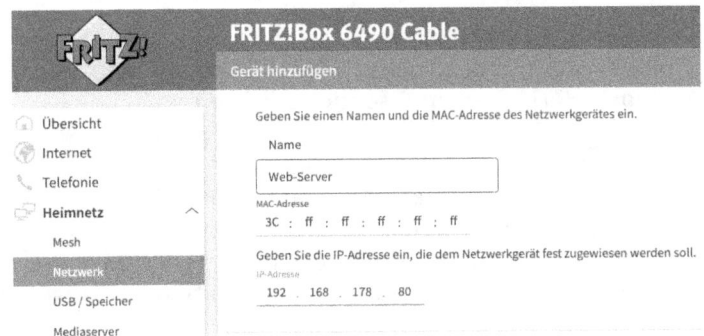

Abb. 11: Zuordnung einer festen IP-Adresse

Die Kommunikation des Browsers sieht grob gesagt wie folgt aus:

- Der Webserver ist unter einer definierten IP-Adresse erreichbar. Dabei ist es im Internet soft so, dass unter einer IP-Adresse eine Vielzahl von Webservern gehostet sind. Hier erfolgt dann, nach der IP-Adresse, die Zuordnung in der Regel über den Domainnamen. Im eigenen WLAN-Netz haben wir in der Regel keine Websites, die über Domainnamen gehostet sind. Der eigene Webserver wird alleine mit der IP-Adresse erreichbar sein.

- Webserver haben standardmäßig die Portadresse 80.

- Der Browser (Client) nimmt über die IP-Adresse, die man in die Adresszeile des Browsers eingibt, Kontakt mit dem Server auf. Da wir die Standard-Portadresse verwenden, muss diese nicht extra angegeben werden.

- Der Browser übergibt eine Reihe Informationen über sich und auch die Adresse und den Port, an dem er die Antwort erwartet. In der URL und im Body werden dann weitere Daten übergeben.

- Der Server antwortet mit Angaben zu sich selbst, dem Status seiner Antwort und sendet die angeforderte Website.

Seitens des Browsers ist für uns hier vor allem interessant, was über die URL mit übergeben wird. Die Methode der Datenübergabe über die URL nennt sich **GET**.

Als Server haben wir hier ja keinen installierten Webserver, sondern den Controller. Die Daten für die Antwort an den Client müssen wir selbst programmieren. Als Antwort (*HTTP-Response*) sendet der Server:

- *Status-Line*
  Enthält die HTTP-Protokollversion sowie einen Status-Code. Da wir eine erfolgreiche Antwort senden, wird das der Statuscode 200 (*SUCCESS*) sein. Bei „richtigen" Webservern gibt es eine Vielzahl weitere Code. Allen bekannt dürfte der Code 404 sein (das gesuchte Seite wurde nicht gefunden).

- *Header-Section*
  Informationen über den Server und die Antwort selbst. Hier schreiben wir eigentlich nur hinein, dass es sich um ein HTML-Dokument handelt, das zurückgesendet wird.

- *Leerzeile*
  Ganz wichtig! Trennt die Header-Section vom restlichen Dokument.

- *Entity-Body*
  Das eigentlich angeforderte Dokument. Dieses gestalten wir mit HTML und CSS. Der Server gibt es den Browser zurück und dort wird es angezeigt. Über Schaltflächen im Browserfenster werden dann wieder Anfragen an den Server gerichtet, die dieser auswertet und entsprechende Schaltvorgänge und Antworten generiert.

3.2 HTML

HTML (*Hypertext Markup Language*) ist keine Programmier-, sondern eine Auszeichnungssprache. Wir verwenden hier die Version 5.

HTML legt fest, was bestimmte Teile der Seite sein sollen: verschiedene Arten von Überschriften, Absätze, Links, Bilder usw. Die eigentliche Darstellung wird durch Festlegungen im Browser durchgeführt (z.B., dass die größte Überschrift besonders groß und fett dargestellt wird). Diese Festlegungen können wir später mit CSS überschreiben.

Der Beginn einer Strukturierungsinformation erfolgt mit einem öffnenden Tag. In HTML ist er durch spitze Klammern (<...>) gekennzeichnet. Wenn der Bereich geschlossen werden soll, wird ein Slash vor die Bezeichnung geschrieben (</...>). Bei Tags, bei denen ein schließender Tag sinnlos ist (beispielsweise für einen Zeilenumbruch), wird der Slash nach einem Leerzeichen der Bezeichnung angehängt: **
** (Zeilenumbruch).

Tags selbst können geschachtelt werden. Das heißt, dass sich innerhalb eines Tags ein weiterer befinden kann. Man muss nur darauf achten, dass die Reihenfolge des Öffnens und Schließens eingehalten wird: Die zuletzt geöffneten Tags müssen als erste wieder geschlossen werden. Im Beispiel des HTML-Grundgerüstes weiter unten kann man sehen, wie es in der Praxis aussieht. Einzelne Tags können durch zusätzliche Attribute im öffnenden Tag mit bestimmten Eigenschaften versehen werden. Prinzipiell ist es gleichgültig, ob die Tags mit Groß- oder Kleinbuchstaben geschrieben werden.

3.2.1 Grundgerüst

Ein HTML-Dokument hat ein festgelegtes Schema (HTML-Grundgerüst):

```
<!DOCTYPE html>
<html>
  <head>
    <meta charset="utf-8" />
    <title>Der Dokumententitel (erscheint in Kopfzeile)</title>
  </head>
  <body>
    Der eigentliche Inhalt
  </body>
</html>
```

Im **head**-Bereich können noch weitere Informationen in Form von Tags abgelegt werden, die für den Browser wichtig sind. Aber außer den **title** werden diese nicht direkt angezeigt. Vor dem öffnenden **html**-Tag steht die Dokumenttypdefinition (*DTD, Document Type Definition*) **!DOCTYPE**. Dadurch wird gekennzeichnet, dass es sich um HTML5 handelt. Jede HTML-Version hat bestimmte Eigenarten und Besonderheiten für die Behandlung der Anweisungen für HTML und CSS. Damit der Browser die richtigen Einstellungen benutzt, muss er wissen, welche Version gemeint ist.

Da es viele unterschiedliche Schriftsysteme gibt (Schriftsysteme west- oder osteuropäischen Sonderzeichen, kyrillische usw.), muss dem Browser gesagt werden, welche Schriftart er verwenden soll. Dies erfolgt mit dem **meta**-Tag und dem Attribut **charset**. Viele Schriften basieren auf dem 8-bit-ACSII-Code und verwenden im zweiten Halbbyte Festlegungen für Sonderzeichen. Eine Erweiterung, die viele weitere Sprachen enthält, stellt Unicode dar. Diese Schrift umfasst 2-4 Byte. Im Beispiel wird UTF-8 verwendet. Der Editor, mit dem das Programm geschrieben wird, muss auf die selbe Schriftart eingestellt sein. Sonst gibt es Probleme bei Sonderzeichen!

In der Folge gehe ich nur auf die Tags ein, die wir hier benötigen. Wer mehr über HTML, CSS usw. erfahren möchte, kann die wirklich sehr gute Dokumentation in [3] nutzen.

3.2.2 Überschriften, Absätze, Blockelemente

In HTML gibt es sechs verschiedene Überschriften (**h1** bis **h6**). Dabei ist die **h1** die größte und **h6** die kleinste Überschrift. Die reale Größe hängt hier vom Browser ab. Dabei ist die **h6** kleiner als der normale Text. Bitte das nicht als sinnlos betrachten: HTML legt ja nur die Struktur fest und die muss irgendwie angezeigt werden. Wie genau, wird meist durch CSS geändert.

```
<h1>Große Überschrift</h1>
<h2>Kleinere Überschrift</h2>
```

Ein Schachteln (also beispielsweise ein Absatz in einer Überschrift) ist nicht erlaubt. Vor und nach Überschriften wird eine Leerzeile geschrieben.

Im Browser kennt den eigentlichen Zeilenschalter **ENTER** nicht und ignoriert ihn einfach. Der Umbruch von Texten erfolgt, wenn das Fenster, in dem sich der Text befindet, zu Ende ist. Dabei gibt es auch keinen Silbentrenner. Bei längeren Texten darf man kein Wort mit einem Trennungsstrich trennen. Wenn ein anderer Browser, eine andere Bildschirmgröße oder auch nur ein etwas anderer Zeichensatz genommen wird, kann es sonst passieren, dass das getrennte Wort mit dem Trennstrich mitten im Text steht.

Einen Zeilenumbruch kann man nur mit einem Absatz (**<p>**…**</p>**) bzw. Zeilenschalter (**
). erzeugen. Beim **p-Tag wird vor und nach dem Absatz eine Leerzeile eingefügt. Der **br**-Tag erzeugt lediglich eine neue Zeile:

```
<p>Das hier ist ein Absatz</p>
<p>Innerhalb dieses Absatzes bricht man die Zeile<br /> um.</p>
```

Reiner Text sollte immer innerhalb eines Absatzes stehen. Auch sollten nicht mehrere leere **p**- oder **br**-Tags hintereinander zur Formatierung von Text genommen werden. Das macht man besser mit CSS.

Innerhalb von Überschriften und Absätzen sind Blockelemente. Das heißt, dass sie sich über die gesamte Breite des Fensters bewegen. In ihnen dürfen sich keine weiteren Blockelemente befinden.

Ein Blockelement, in dem sich weitere Blockelemente befinden dürfen ist der Container **div**. Von dieser Art gibt es unter HTML5 noch eine ganze Menge weiterer, die aber prinzipiell so wie **div** sind, nur anders heißen und dadurch besser strukturiert werden kann. **div** ist ein Container mit weiteren Elemente, der durch CSS frei auf der Seite positioniert werden kann und dessen Größe auch mit CSS eingestellt werden kann. Weiterhin können verschiedene **div** auch übereinander gestapelt werden.

```
<div>
  <h2>Überschrift</h2>
  <p>Text</p>
  <p>Text</p>
</div>
```

3.2.3 Links und Buttons

Für Links ist das **a**-Tag zuständig. Zusätzlich ist das Attribut **href** notwendig, dass angibt, wo der Link hinführen soll:

```
<a href="seite.html">Zielseite</a>
```

Zwischen dem öffnenden und schließenden Tag steht das, was als Linktext gedacht ist. Bei den Hyperlinks gibt es drei Arten der Pfadangaben:

- relative Pfadangaben
  - der Link geht von der aktuellen Stelle in der Ordnerhierarchie aus
  - die Zieldatei ist auf der selben Ebene:
    `<a href="seite.html">Link</a>`
  - die Zieldatei befindet sich in einem Ordner innerhalb der selben Ebene:
    `<a href="ordner/seite.html">Link</a>`
  - die Zieldatei befindet sich in der übergeordneten Ebene:
    `<a href="../seite1.html">Link</a>`

- absolute Pfadangaben.
  - hier wird vom **root**-Verzeichnis ausgegangen
  - die oberste Ebene des **root**-Verzeichnisses wird durch einen Slash (**/**) gekennzeichnet
  - **root** beginnt nach dem Domainnamen bzw. in unserem Falle nach der **IP**-Adresse
    `<a href="/ordner/seite.html">Link</a>`
- externe Links
  - das sind Links, die auf einen anderen Webserver verweisen
    `<a href="www.google.de">Link</a>`

Standardmäßig wird die Datei, die durch den Link aufgerufen wurde, im selben Browserfenster, von dem die aufgerufen wurde, geöffnet.

HTML ist ein zustandsloses Protokoll: wenn die Daten der Seite übertragen wurden, ist die Verbindung zum Server getrennt und alles „vergessen". Um Daten von von einer Seite auf die nächste zu übertragen, benutzt man in der Regel Formulare. Die Daten können dort über die URL (Methode **GET**) oder innerhalb des Entity-Body (Methode **POST**) übertragen werden. **POST** hat den Vorteil, dass die Parameter nicht zu sehen sind. **GET** wiederum hat den Vorteil, dass wir über die Gestaltung des Links Parameter einfach hinzufügen können. Wir verwenden in unserem Projekt **GET**:

`<a href="/ant1">Link</<>`

bedeutet, dass wir **root** mit dem Parameter **ant1** aufrufen. Das bedeutet beispielsweise: **192.168.178.63/ant1**. Diesen übermittelten Parameter (**ant1**) können wir jetzt auswerten.

Links machen sich gut innerhalb von fließenden Text und sind bequem mit der Mouse zu bedienen. Wenn wir aber beispielsweise ein Handy nutzen wollen, sind sie recht unbequem. Hier bieten sich Schaltflächen an – die Buttons.

Der Standard-Button wird ähnlich einem Eingabefeld erstellt:

`<input type="button" value="Drücken" name="knopf" />`

Diese Buttons werden vor allem genutzt, wenn Programmier- oder Script-Sprachen (z.B. PHP oder JavaScript) zur Auswertung benutzt werden und müssen sich innerhalb von Formularen befinden.

Komfortabler geht es mit dem **button**-Tag. Dieser Tag hat einen öffnenden und einen schließenden Tag. Alles, was dazwischen steht, gehört zur Beschriftung des Buttons. Wenn ein Link ausgelöst werden soll, wird einfach der Button als Inhalt des Links genommen:

```
<a href="/ant1">
   <button type="button">
      ANT1
   </button>
</a>
```

Im laufenden Projekt wird der **button**-Tag benutzt.

3.3 CSS

Die genaue Darstellung der Tags im Browser legt bisher der Browser fest. Um hier Änderungen vornehmen zu können, wurden die *Cascading Style Sheets* (*CSS*) entwickelt. Wir erreichen hierdurch eine vollständige Trennung von Form und Inhalt. Die CSS überschreiben die Vorgaben im Browser. Aber nicht alle, sondern immer nur die, die man explizit angibt. Dadurch kann gezielt das Aussehen der Webseite nach eigenen Wünschen und Vorstellungen angepasst werden. Wenn man mehrere Anweisungen zum gleichen Attribut angibt, überschreibt die folgende immer die vorhergehende. So hat man die Möglichkeit, dynamisch Änderungen im Aussehen vorzunehmen.

Die Einbindung von CSS-Vorgaben in ein Dokument gibt es drei Möglichkeiten:

- Es wird eine separate Datei verwendet. Diese wird über einen Link in den **head**-Bereich eingebunden:
  `<link rel="stylesheet" href="styles.css" />`
  Durch diese Methode haben wir die Möglichkeit, CSS-Vorgaben für mehrere Dokumente gleichzeitig vorzunehmen.

- Einbindung der CSS-Vorgaben in einen speziellen Tag (**style**) im **head**-Bereich:
  `<style> … </style>`
  Anweisungen, die in diesem Bereich stehen, gelten nur für die Seite, in der sie stehen.

- Vorgaben als *Attribut* innerhalb eines einzelnen Tags:
  `<h2 style="color: red;">Überschrift</h2>`

Diese Formatierung (genannt: *Inline-Formatierung*) sollte nur in Ausnahmefällen genutzt werden.

Bis auf die Inline-Formatierung (s. o.) hat die Formatierung folgende Syntax:

```
selektor {
    eigenschaft: wert;
    eigenschaft: wert;
}
```

Der **selektor** kann eine Tag-Bezeichnung, eine spezielle Gruppierung oder ähnliches sein. Wenn eine Tag-Bezeichnung verwendet wird, so ändern sich alle Tags. Beispielsweise sollen alle Absätze im Dokument schwarz und in der Schriftart Arial dargestellt werden:

```
p {
    color: black;
    font-family: Arial;
}
```

3.3.1 Maßeinheiten

In CSS müssen zu den Werten Maßeinheiten angegeben werden. Dabei darauf achten, dass zwischen dem Wert und der Maßeinheit **kein Leerzeichen** geschrieben wird. Da CSS nicht nur für Bildschirme, sondern auch für Ausdrucke verwendet werden kann, gibt es Maßeinheiten (mm, cm, in, pt und pc), die am Bildschirm keinen Sinn machen. In der folgenden Tabelle führe ich nur die Maßeinheiten auf, die für Bildschirmausgaben gedacht sind. Dabei ist zu achten, dass alle Maßeinheiten (außer **px**) relative Maßeinheiten darstellen. Sie hängen immer von einem übergeordneten Element ab. Wenn sich beispielsweise ein Element mit der Größe von 60% innerhalb eines Elementes befindet, dessen Größe mit 80% angegeben ist, so ist es jetzt 60% von 80% der wahren Größe (sie werden *vererbt*). Eine Ausnahme stellt dabei die Einheit **rem** dar.

Es wird hier bei **em**, **rem** und **ex** von einer Schriftgröße ausgegangen. Das hängt damit zusammen, dass der Betrachter in seinem Browser ja die Schrift vergrößern oder verkleinern kann. Durch die Verwendung von Maßeinheiten, die auf Schriftgrößen beruhen, wird erreicht, dass sich auch sonstige Größen entsprechend anpassen. Die meisten Browser verwenden eine Schriftgröße von 16px. Damit bedeutet, dass **1rem** die Größe von **16px** hat. **1.5rem** demzufolge sind es **24px**. Wenn man das ändern möchte, ändert man den Wert für den **html**-Tag:

Einheit	Beschreibung
px	Pixel: bezogen auf die Pixelgröße des Bildschirms
%	Prozent
em	vielfaches der Schriftgröße der Breite des Großbuchstabens M in der aktuell verwendeten Schriftgröße
rem	wie es, nur bezieht es sich nicht auf den übergeordneten Container, sondern der Schrift, die im *document root* (**html**) definiert wurde; sie ist daher unabhängig von sonstigen übergeordneten Elementen
ex	Höhe des Kleinbuchstaben **x** der verwendeten Schrift (aber ungebräuchlich)
vw, vh	*viewport width*, *viewport height*: prozentualer Anteil der Breite bzw. Höhe des Anzeigefensters (*viewport*)
vmin, vmax	prozentualer Anteil der Breite oder Höhe des Viewports, je nachdem, welche von beiden kleiner (vmin) oder größer (vmax) ist.

Tab. 1: Maßeinheiten

```
html {
    font-size: 10px;
}
```

3.3.2 Schriftarten definieren

Normalerweise können nur die Schriften verwendet werden, die im jeweiligen Ziel-Betriebssystem auch installiert sind. Auf die Verwendung eigener oder Webschriften gehe ich hier nicht ein. Wer dazu mehr wissen möchte, sollte in [3] unter **@font-face** nachsehen.

Da unterschiedliche Betriebssysteme auch unterschiedliche Zeichensätze (und dazu auch noch voneinander abweichende Versionen) aufweisen, sollten bei der Festlegung der Schriftart immer mehrere angegeben werden:

```
font-family: Helvetica, Arial, "Lucida Grande", sans-serif;
```

Die Schriften werden der Reihe nach genommen: die, die zuerst gefunden wird, wird benutzt. Schriften, die Leerzeichen im Namen haben (hier: **Lucida Grande**), müssen in Anführungsstrichen stehen.

Im Beispiel steht ganz zum Schluss steht **sans-serif**. Das bedeutet, dass, wenn keine angegebene Schrift gefunden wurde, die serifenlose Standardschrift des Systems benutzt wird.

Für Schriften gibt es weitere Eigenschaften:

Eigenschaft	Beschreibung
font-style	Neigung der Schrift (italic, normal, oblique)
font-size	Schriftgröße
font-weight	Dicke der Schrift; normal, bold, lighter, bolder oder Zahl zwischen 1 und 1000
text-align	horizontale Ausrichtung von Text und iInline-Elementen innerhalb von Blockelementen (left, right, start, center, end, justify)
vertical-align	vertikale Ausrichtung von Text (middle, top, bottom usw.)
color	Farbe der Schrift

Tab. 2: Text-Eigenschaften

3.3.3 Farben

Bei Farben wird generell das RGB-Farbmodell verwendet. Dabei hat jede Farbe (rot, grün und blau) einen Wertebereich von 0 bis 255 (hexadezimal: ff).

Der Farbwert kann wie folgt angegeben werden (im Beispiel Text mit der Farbe gelb):

```
Hexadezimal:
color: #ff0000;
color: #f00;           (verkürzte Schreibweise)

Dezimal:
color: rgb(255, 0, 0);

Farbwert:
color: yellow;
```

Die verkürzte Schreibweise kann genommen werden, wenn in allen drei Farbkanälen jeweils beide Ziffern gleich sind. Wenn man die Farbe in der englischen nFarbbezeichnung angeben möchte, muss darauf geachtet werden, welche Bezeichnungen in CSS definiert sind. In [3] findet man hierzu eine Tabelle. Die Grundfarben (black, white, blue, green, red, yellow) sind auf alle Fälle erlaubt.

Hintergründe können mit **background-color** oder vereinfacht **background** gefärbt werden:

```
<div style="background: red;">...</div>
```

3.3.4 Klassen und IDs

Mit Klassen können wir verschiedene Eigenschaften zusammenfassen, die wir dass einzelnen Elementen zuordnen können. Dadurch können wir gezielt einzelne Eigenschaften einstellen bzw. überschreiben. Ein Merkmal einer Klasse ist, dass bei der Definition ein Punkt vorangestellt wird. Wenn die Klasse dann angewendet wird, muss man den Punkt weglassen:

```
<style>
  .hervorgehoben {
    color: red;
    font-weight: bold;
  }

  .besonders {
    font-style: italic;
  }
</style>
...
<p class="hervorgehoben">rot und fett</p>
<p class="besonders">kursiv</p>
<p class="hervorgehoben besonders">rot, fett und kursiv</p>
```

Im jeweiligen Tag wird das Attribut **class** hinzugefügt. Wenn ich mehrere Klassen hinzufügen möchte, schreibe ich sie einfach mit Leerzeichen hintereinander. Dabei überschreiben Eigenschaften der nachfolgenden Klasse die der vorherigen. Im Einzelfall spielt hier also eventuell die Reihenfolge eine Rolle.

Wenn ich vor dem Punkt einen Selektor schreibe, gilt es nur für diese Art:

```
p.hervorgehoben {
  color: red;
}

h2.hervorgehoben {
  color: blue;
}
```

Klassen können für beliebig viele Elemente zugewiesen werden.

Ids funktionieren ähnlich von Klassen. Auch hier fasse ich Eigenschaften unter einem Namen zusammen. Nur schreibt man statt des Punktes eine Raute (#).

Dem Element, das ich meine, gebe ich eine eindeutige Identifikation (die ID). Es kann hier immer nur ein spezielles Element (das mit der ID) angesprochen werden:

```
...
#gruen {
   color: green;
}
```

```
...
<p id="gruen">Text in grün</p>
```

Wenn mehrere Klassen, Selektoren oder Ids die gleichen Eigenschaften bekommen sollen, kann ich von der öffnenden geschweiften Klammer sie, getrennt durch Komma, auflisten:

```
#gruen, #rot {
   font-weight: bold;
}
```

Im Beispiel hat jetzt **#gruen** zusätzlich die Eigenschaft fett und **#rot** nur fett.

3.3.5 Box-Modell

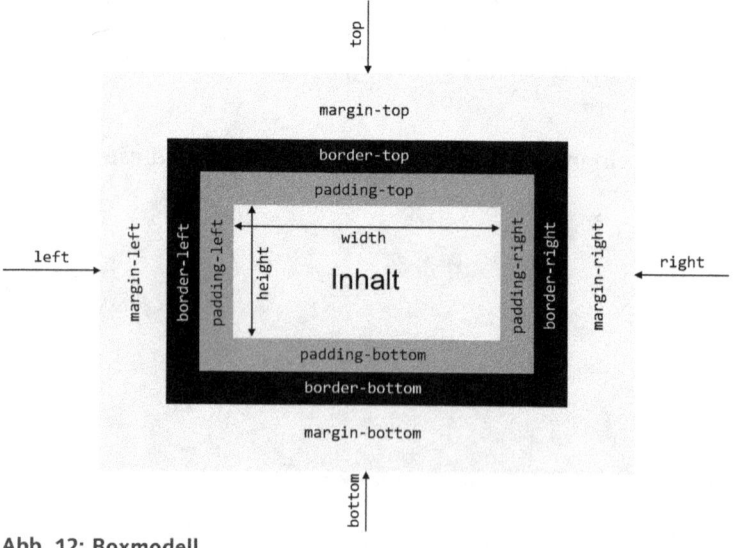

Abb. 12: Boxmodell

Bei dem Box-Modell kann ein rechteckiger Inhalt definiert werden, den ein Rahmen (**border**) mit (auch für jede Seite einzeln) definierten Linienstärken (**border-width**), Farben (**border-color**) und Formen (**border-style**) umgeben kann.

```
div {
    border-width: 1px;
    border-style: solid;
    border-color: black;
}
```

kann auch zusammengefasst werden:

```
div {
    border: 1px solid black;
}
```

Es können die Rahmen auch unabhängig voneinander definiert werden:

```
div {
    border-left-widht: 10px;
}
```

Die Breite links wird jetzt mir 10px überschrieben.

Dieser Rahmen befindet sich in einem bestimmten Abstand (**padding**) zum Inhalt. Um den Rahmen kann sich noch ein Abstand zu benachbarten Elementen befinden (**margin**). Diese Abstände können, wie in Abb. 16 zu sehen, einzeln definiert werden. Man kann aber auch zusammenfassen:

```
div {
    padding: 10px;
}

div {
    padding: 10px 20px;
}

div {
    padding: 1px 2px 3px 4px;
}
```

Im ersten Fall beträgt der Abstand 10px, im zweiten oben und unten 10px sowie links und rechts 20px. Im letzten Fall ist es oben 1px, rechts 2px, unten 3px und links 4px.

Mit **top**, **right**, **bottom** und **left** kann die Box in Beziehung zu anderen Elementen platziert werden. Dabei ist die Art und Weise von dem Attribut **position** abhängig:

- **position: static**
  Defaultwert; das Element bleibt im Textfluss und **top**, **right**, **bottom** sowie **left** werden ignoriert.

- **position: relative**
  Das Element bleibt im Textfluss, kann aber mit **top**, **right**, **bottom** sowie **left** gegenüber den vorherigen Element verschoben werden.

- **position: absolute**
  Das Element ist losgelöst vom Textfluss. Es kann frei auf der Oberfläche positioniert werden.

Software

4 Software

4.1 Einrichtung der Arduino IDE

Die Arduino IDE gilt allgemein als eine Entwicklungsumgebung, die sowohl komfortabel wie auch einfach zu nutzen ist. Wer seine ersten Schritte mit den reinen Arduino-Controllern gemacht hat, wird es angenehm finden, auch mit Controllern wie dem ESP8266 oder später dem ESP32 mit dieser IDE programmieren zu können.

Unter [4] findet man sowohl die Software wie auch die Dokumentation der (vereinfachten) Befehle der Arduino IDE. Ich schreibe hier „vereinfachte Befehle", weil mit der Arduino IDE eigentlich in C++ programmiert wird. Da die ursprüngliche Zielgruppe eigentlich nicht die „richtigen" Programmierer waren, wurde viele oft benötigte Anweisungen zu einfach verständlichen Befehlen zusammengefasst. Dadurch wurde die Programmierung der Arduino-Controller, die zumindest anfangs auf 8-bit-Controllern Atmega8 beruhten, recht einfach und verständlich. Diesen Trend setzte man mit den Controllern von Espressif fort. Auch hier werden viele, teilweise aufwändig zu händelnde, Anweisungen zu einfachen und verständlichen Befehlen zusammengefasst. Da alles soll nicht heißen, dass die Arduino IDE nur für Anfänger gedacht ist. Im Gegenteil. Auch professionelle Anwendungen sind mit ihr programmierbar. Ein weiterer Vorteil ist, dass problemlos der Arduino-Befehlssatz mit C/C++ kombinierbar ist.

Die Arduino IDE ist Open Source und derzeit in der Version 2 unter [4] downloadbar. Um den ESP8266 nutzen zu können, müssen allerdings einige Erweiterungen hinzugefügt werden.

Nach der Installation der IDE ruft man die *Preferences (Einstellungen)* auf. Wer möchte, kann hier auch die Sprache ändern. In den Einstellungen kann auch gleich der Ordner voreingestellt werden, in dem sich neue Projekte ablegen lassen. Die Einstellungen für das Netzwerk wird man in der Regel nicht verändern. Das Netzwerk wird benötigt, um zusätzliche Bibliotheken und Boards aus dem Internet zu laden.

Unter dem Punkt „Zusätzliche Boardverwalter-URLs" trägt man ein:

```
http://arduino.esp8266.com/stable/package_esp8266com_index.json
```

Dadurch wird es ermöglicht, ESP8266-Boards zu installieren.

Software 35

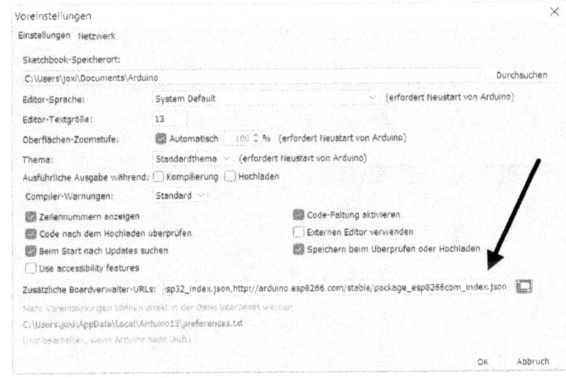

Abb. 13: Zusätzliche Boardverwalter URLs

Wer später auch mit dem ESP32 arbeiten möchte, kann zusätzlich unter den Boardverwalter-URLs (getrennt durch ein Komma oder durch Klick auf das Icon rechts neben der Eingabezeile)

https://raw.githubusercontent.com/espressif/arduino-esp32/gh-pages/package_esp32_index.json

eingeben.

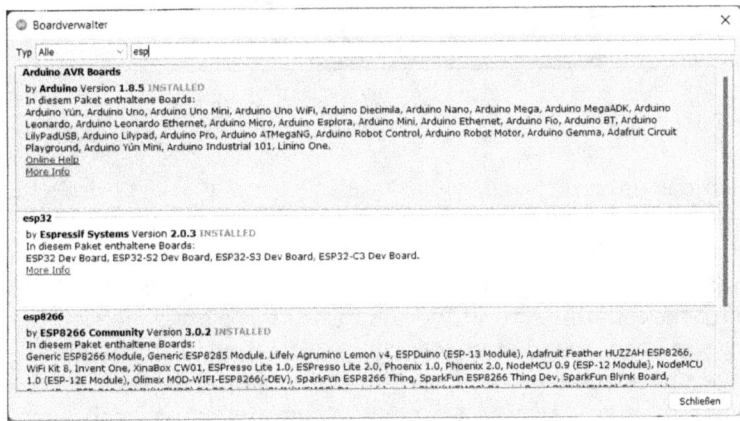

Abb. 14: Boardverwalter

Danach ruft man den Boardverwalter aus (entweder über die Kopfleiste oder die Icons rechts)

Software

In das Suchfeld gibt man einfach „ESP" ein und wählt die ESP8266 aus.

Nach der Auswahl hat man dann eine Vielzahl von Modulen verschiedener Anbieter zur Auswahl.

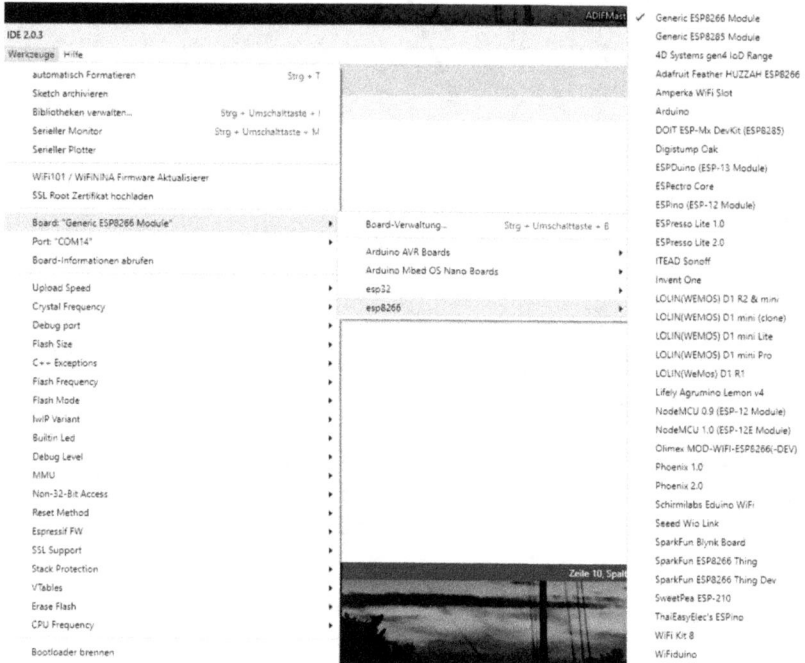

Abb. 15: Boards

Hier sucht man sich das entsprechende Board aus.

Es gibt eine Vielzahl von Entwicklungsboards. Diese haben einen USB-Anschluss und können direkt mit der Arduino IDE verbunden werden. Oft kann auch direkt auf ein Steckboard gesteckt werden. Dadurch eignen sie sich hervorragend für Experimente, bei denen man nur steckt und nicht lötet. Die Anschlussbelegungen unterscheiden sich von Hersteller zu Hersteller. Ein Blick auf das Datenblatt hilft hier weiter. Manchmal ist die Belegung auch aufgedruckt (leider bei manchen nur auf der Unterseite).

Der ESP8266 wird nicht als Controller für sich alleine genommen, sondern verbaut in einem Modul. Ein sehr gebräuchliches Modul ist das ESP-12E. Hier ist die Antenne als Mäander-Antenne bereits auf der Platine. Dieses Modul eignet sich allerdings nicht für Steckplatten, da die Anschlüsse nicht im 2,54-

mm-Raster sind. Es sind aber hierfür auch Adapterplatienen erhältlich, auf die das Modul aufgelötet werden kann.

Ich verwende lieber einen Programmieradapter für den ESP12E.

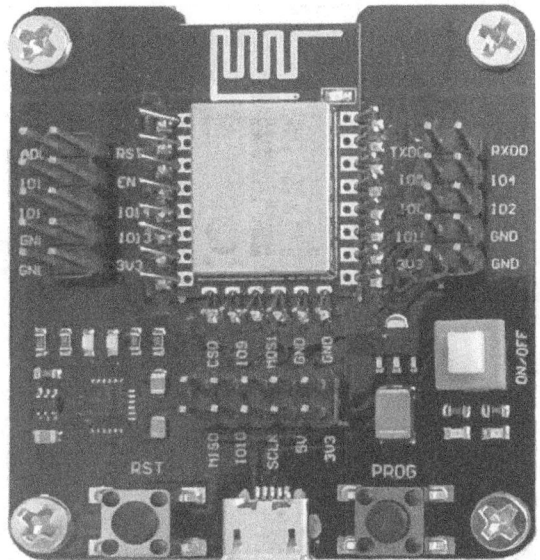

Abb. 16: Adapter für den ESP-12E (der ESP-12E ist hier gesteckt)

Das hat den Vorteil, dass das Flashen recht einfach ist und danach das Modul nur noch eingelötet werden muss (das Programm ist ja bereits im Flash). Federkontakte rasten direkt in die Einkerbungen des Moduls ein. So ist es leicht zu stecken und entfernen. Über den USB-Anschluss kann programmiert werden. Pegelwandler und ein Spannungsregler sorgen dafür, dass die 3,3 V Betriebsspannung und Pegel eingehalten werden. Auch wird einem die etwas umständliche Prozedur zur Herstellung des Flash-Modus abgenommen.

4.2 Flashen des ESP8266

Wenn man ein DevKit oder den Adapter verwendet, übernimmt dieser die Kommunikation mit der Arduino IDE und den Ablauf zum Flashen des Programmspeichers. Anders sieht es aus, wenn das Modul alleine geflasht werden soll. Das passiert, wenn man es in der Schaltung umprogrammieren möchte.

Zur Programmierung nutzt man dann einen USB-zu-Seriell-Wandler. Dabei ist darauf zu achten, dass dieser nur Pegel von 3,3 V liefert. Entweder man hat einen Wandler, an dem der Ausgangspegel eingestellt werden kann oder es

38 Software

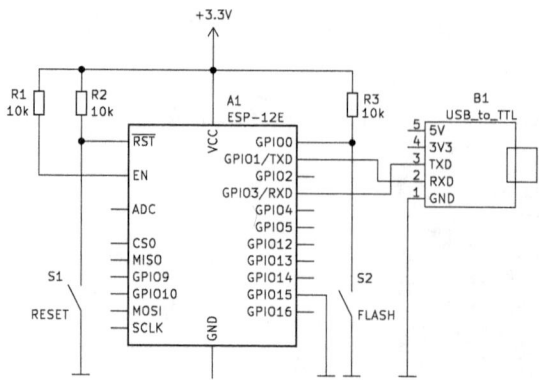

Abb. 17: Flashen mit USB-zu-Seriell-Wandler

muss ein Pegelwandler dazwischen geschaltet werden (im einfachsten Fall macht das schon ein Spannungsteiler auch Widerständen).

Um das Modul in den Flash-Modus zu versetzen, ist eine gewisse Reihenfolge der Handlungen einzuhalten:

- Es muss EN erlaubt werden – EN an den Plus der Betriebsspannung.

- richtiger Anschluss des USB-zu-Seriell-Wandlers:
    - TX des Wandlers an RX des Moduls (GPIO3)
    - RX des Wandlers an TX des Moduls (GPIO1)

- Anschluss GPIO15 muss für die Zeit der Programmierung an Masse liegen. Danach kann er auch anderweitig verwendet werden.

- FLASH drücken und gedrückt lassen.

- RESET drücken und dann loslassen.

- FLASH loslassen.

- Nach der Programmierung über drücken von RESET den FLASH-Modus wieder verlassen.

Als Board wählt man in der Arduino IDE ein Board, das den ESP-12E enthält (beispielsweise den NodeMCU 1.0).

Wenn man ein Development Kit zur Verfügung hat, kann man sich diese Prozedur etwas vereinfachen. Hier kann das DevKit die Umschaltung in den Programmiermodus übernehmen.

Dazu verbindet man:

- RX mit TX und TX mit RX

- beide GPIO0 und beide RESET

- Da wir das Modul flashen wollen und nicht das Kit, muss EN vom DevKit mit der Masse verbunden werden.

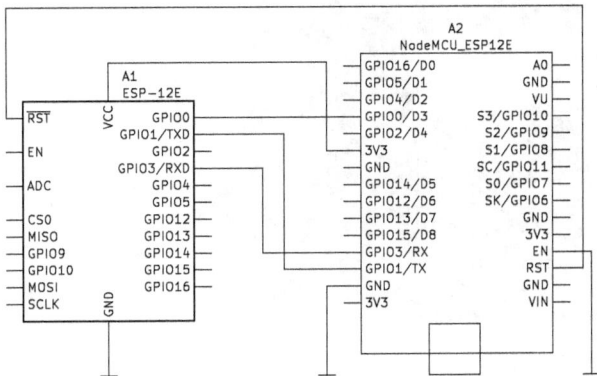

Abb. 18: Flashen mit Development Kit NodeMCU 1.0

4.3 ESP8266 als WLAN-Schalter

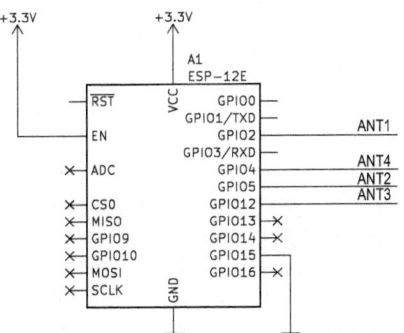

Abb. 19: Ausschnitt aus der Schaltung (Abb. 10)

Software

Die Abb. 22 zeigt einen Ausschnitt aus der Gesamtschaltung. Für die Erstellung des Programms sind hier alle wesentlichen Angaben zu ersehen. Bei der Erstellung und dem Testen des Programms ist es zweckmäßig, die Optokoppler durch LED zu simulieren. In der Abb. 23 ist so eine Brettschaltung von mir zu sehen. Die LED befinden sich als SMD-Bauelemente auf einer kleinen Leiterplatte, deren gemeinsamer Anschluss auf Masse liegt. Eben so, wie es in der Schaltung mit den Optokopplern auch ist. Diese kleine LED-Platine gibt es fertig zu kaufen und ist recht zweckmäßig.

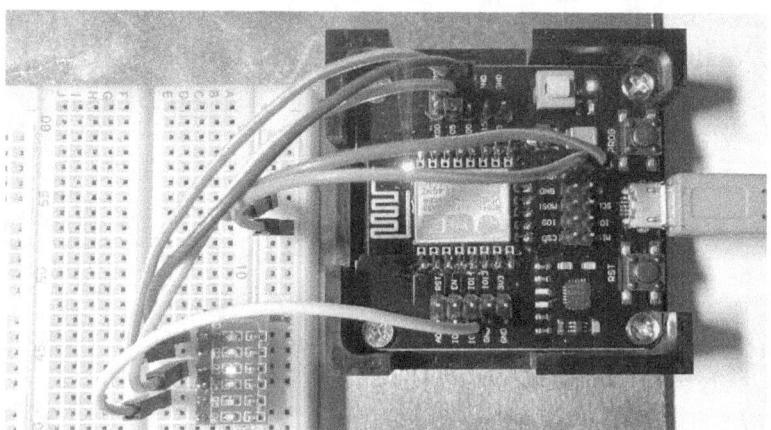

Abb. 20: Testschaltung mit Adapter und Steckplatte

Die Arduino IDE bietet die Möglichkeit, das Anwenderprogramm in mehrere Teile aufzuteilen. Ich trenne gerne die Funktionen vom eigentlichen Programm, um es übersichtlicher zu machen. Hierzu wühlt man in der Kopfleiste oben rechts einfach eine neue Registerkarte aus.

Abb. 21: Neue Registerkarte

Der Registerkarte geben wir dann einen sinnvollen Namen (im Beispiel ist es `funkt.ino`). Die Datei wird im selben Ordner abgelegt, in dem sich das eigentliche Programm befindet. Der Unterschied ist, dass es für die Datei keinen eigenen Ordner gibt. Um das Einbinden brauchen wir uns keine Gedanken machen: Beim Compilerlauf werden alle Registerkarten zu einer zusammengefasst. Sicherheitshalber sollten Funktionen, die in anderen Registerkarten erstellt wurden, in dem Programmteil, indem sie benutzt werden, deklariert werden. Einfach den Kopf der Funktion ohne die geschweiften Klammern hinzufügen.

Ich stelle die Software als Open Source unter die Lizenz EUPL und habe diesen Hinweis in den Kopf des Programms geschrieben:

```
/*
 * Copyright 2023 Jörg Bischof
 *
 * Licensed under the EUPL, version 1.2 or - when
   which have been approved by the European Commission -
   Subsequent versions of the EUPL ("License").
 * You may use this work solely in accordance with this license.
 * A copy of the license can be found here:
 *
 * https://joinup.ec.europa.eu/software/page/eupl
 *
 * Unless required by applicable legislation or
   Agreed in writing, the subject of the license
   distributed software "as is",
   WITHOUT ANY WARRANTY OR CONDITIONS - EXPRESS OR
   tacit - spread.
 * The language-specific permissions and restrictions under the
   license can be found in the license text.
*/
```

Danach wird die WiFi-Bibliothek eingebunden und die Zugangsdaten des WLAN-Routers vom Heimnetzwerk eingetragen:

```
#include <ESP8266WiFi.h>

const char *ssid = "SSID des WLAN-Routers";
const char *pw = "das Zugangspasswort";
```

Das Sternchen (*) vor der Variable zeigt, dass es sich um einen Zeiger (Pointer) in den Speicherbereich handelt.

Der Web-Server soll den Port 80 (also den Standard-Port) besitzen. Weiterhin benötigen wir eine Variable vom Typ **client**:

```
WiFiServer server(80);
WiFiClient client;
```

Im String header werden die Daten, die der Browser sendet, gespeichert. Die Anschlüsse des Controllers, die wir verwenden, und die Beschriftung der Felder werden in Arrays gespeichert:

```
String header = "";

byte ant[] = { 0, 2, 5, 12, 4 };
String text[] = { "GND", "ANT1", "ANT2", "ANT3", "ANT4" };
```

Eine Besonderheit stellt die folgende Variable **styl** dar. Es ist eine **HEREDOC**- (*here document*) Variable. Der Vorteil ist, dass hier Formatierungen genutzt werden können, um die Übersichtlichkeit zu steigern. Die Arduino IDE sieht einen Zeilenumbruch als neuen Befehl an und quittiert ein fehlendes Semikolon mit einer Fehlermeldung. **HEREDOC** bietet sich für HTML und CSS an.

```
String styl = R"(
    <style>
      html {
        font-familiy: 'Helvetica Neue', Helvetica, Arial, sans-serif;
        font-size: 10px;
        display: inline-block;
        margin: 0, auto;
        text-align: center;
      }
      button {
        background: lightgray;
        border: none;
        color: white;
        margin: 2px;
        height: 6rem;
        width: 80%;
        max-width: 50rem;
        text-decoration: none;
        text-align: center;
        font-size: 2rem;
        font-weight: medium;
        cursor: pointer;
      }
      .on {
        background: red;
```

```
      }
    </style>
)";
```

Die Schaltflächen werden als hellgraue Rechtecke, die sich bei Aktivierung in rot wandeln, dargestellt. Sie gehen über 80% der Bildschirmfläche, werden aber bei 50 rem (entspricht 500 px) begrenzt.

In die Datei **funkt.ino** kommen zwei Funktionen. Wer keine zusätzliche Datei hierzu anlegen möchte, kann die Funktionen auch in das Hauptprogramm schreiben.

```
void antOn(byte a) {
  for (byte i = 0; i <= 4; i++) {
    if (i == a) {
      An(a);
    } else {
      client.print("<p><a href='/ant");
      client.print(i);
      client.print("'><button type='button'>");
      client.print(text[i]);
      client.println("</button></a></p>");
    }
  }
}

void An(byte a) {
  client.print("<p><button type='button' class='on'>");
  client.print(text[a]);
  client.println("</button></p>");
  for (byte i = 0; i <= 4; i++) {
    if (i == a) {
      digitalWrite(ant[i], HIGH);
    } else {
      digitalWrite(ant[i], LOW);
    }
  }
}
```

Die erste Funktion (**antOn()**) sorgt dafür, dass die Buttons angelegt werden. In der zweiten wird der aktive Button rot gefärbt und die Optokoppler umgeschaltet.

Wie schon erwähnt, sollte die Funktion antOn() sicherheitshalber im Hauptprogramm deklariert werden (wenn die Funktionen im Hauptprogramm stehen natürlich nicht):

```
void antOn(byte a);
```

Im **setup()** initialisieren wir zuerst die serielle Schnittstelle zum Seriellen Monitor, setzen die **GPIO** für die Optokoppler als Ausgang und schalten sie auf **LOW**:

```
void setup() {
  Serial.begin(115200);
  for (byte i = 1; i <= 4; i++) {
    pinMode(ant[i], OUTPUT);
    digitalWrite(ant[i], LOW);
  }
```

Mit dem WLAN-Router wird Verbindung aufgenommen. Im Seriellen Monitor erscheinen Punkte, bis die Verbindung steht:

```
  WiFi.begin(ssid, pw);
  while (WiFi.status() != WL_CONNECTED) {
    delay(500);
    Serial.print(".");
  }
```

Der Router vergibt über DHCP dem Server eine IP-Adresse. Diese benötigen wir, um mit dem Browser die Verbindung aufzubauen. Diese IP-Adresse lassen wir uns ausgeben und beenden **setup()**:

```
  Serial.println();
  Serial.println("WiFi connected: ");
  Serial.println("IP-Adresse: ");
  Serial.println(WiFi.localIP());
  server.begin();
}
```

Im Administrations-Menü des WLAN-Routers stellen wir ein, dass an diese **MAC**-Adresse immer dieselbe IP vergeben werden soll. Später haben wir ja keinen Seriellen Monitor mehr.

In der Hauptschleife (**loop()**) wird die Anfrage des Clients (Browsers) ausgelesen und an ihn die HTTP-Antwort gesendet. Der Code 200 bedeutet, dass eine gültige HTML-Seite geliefert werde:

```
void loop() {
  client = server.available();
  if (client) {
    String currentLine = "";
    while (client.connected()) {
      if (client.available()) {
        char c = client.read();
        header += c;
        if (c == '\n') {
          Serial.println(header);
          if (currentLine.length() == 0) {
            client.print("http/1.1 200 OK\r\n");
            client.print("Content-type: text/html\r\n\r\n");
```

Es wird der **head**-Bereich der Webseite geliefert:

```
            client.println("<!DOCTYPE html><html>");
            client.println("<head>");
            client.println("<title>WLAN-Schalter</title>");
            client.println("<meta name='viewport'
                content='width=device-width, inital-scale=1.0'>");
```

Die **HEREDOC**-Variable mit den CSS-Anweisungen wird in den Kopf eingefügt und der **body** geöffnet:

```
            client.println(styl);
            client.println("</head><body>");
```

In der folgenden, recht langen, Abfrage wird geprüft, ob an die URL **/ant0** bis **ant/4** angehängt wurde. Wenn das nicht der Fall ist, ergibt **header.indexOf()** den Wert **-1**, ansonsten **0**:

```
            if (header.indexOf("GET /ant0") < 0 &&
                header.indexOf("GET /ant1") < 0 &&
                header.indexOf("GET /ant2") < 0 &&
                header.indexOf("GET /ant3") < 0 &&
                header.indexOf("GET /ant4") < 0) {
              client.println("<p><a href='/ant0'>
                <button type='button'>Start</button></a></p>");
```

```
        }
```

Falls noch keine Antenne oder GND ausgewählt wurde, erschein nur ein Startbutton. Ansonsten werden die Button dargestellt:

```
        else {
          if (header.indexOf("GET /ant0") >= 0) {
            antOn(0);
          } else if (header.indexOf("GET /ant1") >= 0) {
            antOn(1);
          } else if (header.indexOf("GET /ant2") >= 0) {
            antOn(2);
          } else if (header.indexOf("GET /ant3") >= 0) {
            antOn(3);
          } else if (header.indexOf("GET /ant4") >= 0) {
            antOn(4);
          }
        }
```

Die Webseite wird geschlossen und die Verbindung zum Server beendet:

```
          client.println("</body></html>");
          client.println();
          break;
        } else {
          currentLine = "";
        }
      } else if (c != '\r') {
        currentLine += c;
      }
    }
  }
  header = "";
  client.stop();
  Serial.println("Client disconnected.");
  Serial.println();
  }
}
```

Wenn alles geprüft und zur Zufriedenheit schaltet, kann das Modul geflasht und auf die Platine aufgelötet werden. Vorher sollte aber geprüft werden, ob die Relais auch richtig schalten. Dazu gibt man +3,3 V an die vorgesehenen

GPIO-Lötflächen. Wenn das Relais schaltet, stimmt diese Linie schon einmal. Das ESP12E-Modul liefert im Ein-Zustand ebenfalls 3,3 V.

Bei mir war ein Anschluss eines MOSFET nicht richtig gelötet. Solche Fehler kommen schon mal vor und es ist besser, man findet sie vor dem Zusammenbau des Gerätes.

5 Schlussbemerkungen

Dieser Antennenumschalter ist nur ein Beispiel für die vielseitige Verwendung von Modulen auf der Basis des ESP8266. Dieses Beispiel hatte ich gewählt, weil ich eine Lösung der Fernbedienung eben dieses Umschalters gesucht hatte. Und ich denke, dass der Eine oder Andere vor gleichen oder ähnlichen Problemen steht und Lösungen sucht. Wenn ich hierbei eine Hilfe war, dann hat es sich gelohnt dieses kleine Buch zu schreiben.

Ich habe zwar sowohl Hard- als auch Software selbst aufgebaut und getestet, aber es können sich immer noch Fehler eingeschlichen haben. Also nicht alles kritiklos hinnehmen, sondern sich immer fragen: Warum ist das so? Wenn man verstanden hat, warum es so gemacht wurde, hat man etwas dazugelernt.

Ich empfehle immer, den Quellcode nicht kopieren, sondern Zeile für Zeile abzuschreiben. Immer von den Augen durch den Kopf in die Hände. Und wenn beim Compilerlauf Fehlermeldungen auftauchen: nicht wegklicken, sondern lesen, was da steht. Der Compiler sagt schon recht genau, wo der Fehler aufgetreten ist. Nicht, wo er ist, sondern, wo er wirkt. Manchmal hat man einfach nur ein Semikolon oder eine Klammer vergessen. So lernt man das Programm verstehen. Programmieren lernen ist, es zu tuen - nicht davon zu lesen.

Ich wünsche viel Spaß beim Experimentieren mit dieser wirklich interessanten Thematik. Und wenn es mal nicht gleich funktioniert: nicht verzagen, sondern Lösungen suchen. Es ist ein unwahrscheinlich erhebendes Gefühl, endlich eine Lösung gefunden zu haben. Das kann ein Außenstehender manchmal gar nicht verstehen.

6 Literaturhinweise

[1] HAM radio store. [Online]
https://www.ebay.de/str/hamradiostore?_trksid=p2047675.m145687.
l149086
Stand: 18.12.2022

[2] Bischof, J.: eastpower. [Online]
https://github.com/eastpower/ESP8266-WLAN
Stand: 18.12.2022

[3] SELFHTML. [Online] https://wiki.selfhtml.org
Stand: 21.12.2022

[4] Arduino - Home. [Online] https://www.arduino.cc
Stand: 25.12.2022

Bücher

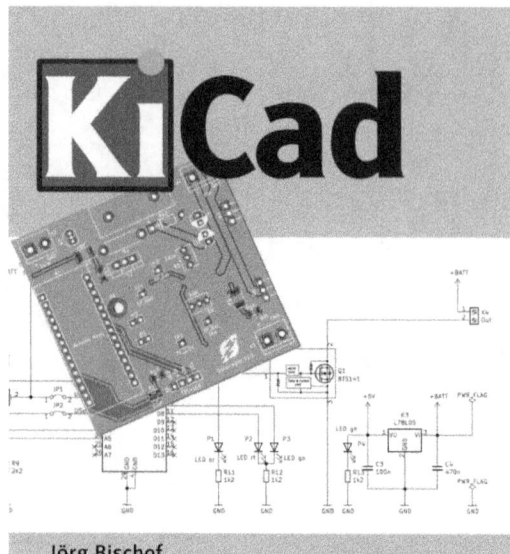

Dieses Buch gibt einen Einstieg für das Programm KiCad 6. Mit diesem Programm können Schaltungen gezeichnet und Platinenlayouts erstellt werden. Es ist für den Praktiker gedacht, der seine Schaltungen professionell zeichnen und dann daraus auch Platinen herstellen (lassen) möchte. Im Buch werden die Schritte und Einstellungen aufgezeigt, die man eigentlich in der Regel nur benötigt. Das Programm kann aber viel mehr. Probleme, wie Abstände bei Hochspannungen oder Mikrowellenleitungen, gehören meistens ja nicht zum Alltag des Amateurs.

Inhalt:

- Allgemeine Hinweise zur Gestaltung der Leiterplatte
- Installation von KiCad 6
- Schaltplaneditor
- Platineneditor
- Erstellung von Gerber-Dateien für die Platinenherstellung bei Dienstleistern

Dieses Buch soll keine Ansammlung von Programmierbeispielen zur Lösung aller möglichen und unmöglichen Probleme sein. Das Ziel ist mehr die Heranführung an die Lösung von eigenen Projekten. Dazu werden zuerst die grundlegenden Gesetze der Elektrotechnik, die man zum Aufbau von Schaltungen mit Mikrocontrollern unbedingt wissen muss, kurz erläutert.

Es wird die Arduino IDE zur Programmierung von Arduino und ESP8266 sowie ESP32 und das Microchip Studio für ATmegaXX- Controller erläutert.

Eingegangen wird auch auf grundlegende Befehle und Operationen, die man zur Programmierung in der Sprache des Arduino sowie C/C++ benötigt. Anhand von wenigen Programmierbeispielen soll gezeigt werden, wie an die Lösung von eigenen Programmierproblemen herangegangen werden kann.

Es wird gezeigt, dass es nicht nur eine Lösung geben muss, um zum gewünschten Ergebnis zu kommen.

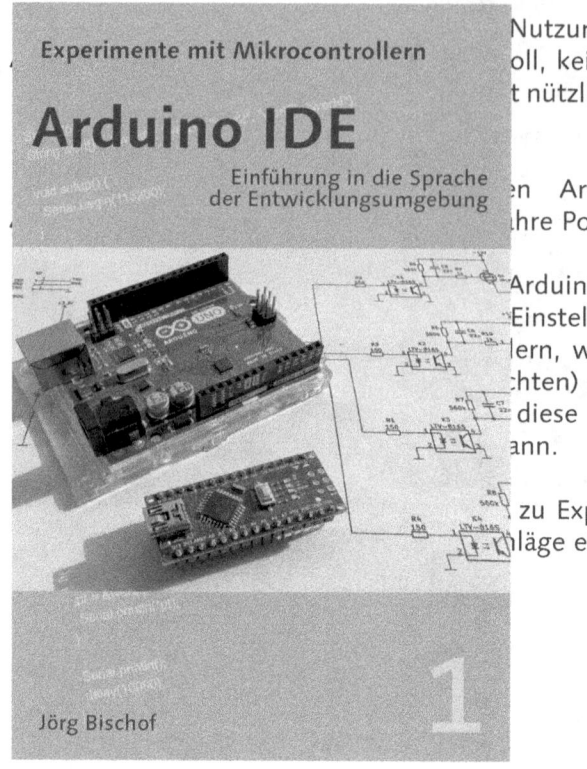

GPS-Werte werden vielfältig zur Ortsbestimmung verwendet. Das Problem ist, dass die Werte durch die Atmosphäre beeinflusst werden. Wenn man eine genauere Ortsbestimmung im Bezug auf einen bekannten Standort möchte, hilft Differentielles GPS, das aus zwei GPS-Empfängern besteht. Im Buch wird ein derartiges System unter Verwendung von GPS-Empfängern u-blox NEO-xxx und dem Controller-Modul ESP32 beschrieben. Es wird sowohl Hardware wie auch die Software ausführlich beschrieben. Die Software ist Open-Source unter EUPL-Lizenz. Das Buch ist auch für Interessenten interessant, die zwar kein GPS-System aufbauen möchten, sich aber mit dem Controller ESP32 beschäftigen.

Inhalt:

- Prinzip des Differentiellen GPS
- Nutzung der Arduino IDE für den ESP32
- Ausgabe über GPIO-Anschlüsse
- Verwendung von Touch-Sensoren ohne und mit Interrupt
- Verwendung des GPS-Moduls
- Datenübertragung mittels dem ESP-NOW-Protokoll

www.ingramcontent.com/pod-product-compliance
Lightning Source LLC
Chambersburg PA
CBHW050313220526
45465CB00005B/1976